AF259704

# OBSERVATIONS

SUR L'OPINION

## DE M. FIÉVÉE,

RELATIVEMENT AU CRÉDIT PUBLIC,

ET

SUR LES RESSOURCES DE NOS FINANCES,

(Histoire de la Session de 1816),

PAR M. LE MARQUIS DE FONTENILLES,

MARÉCHAL DE CAMP.

*Amicus Plato majisque veritas.*

PARIS.

Chez DELAUNAY, Libraire, au Palais-Royal.

1817.

# OBSERVATIONS

SUR

## L'OPINION DE M. FIÉVÉE,

*Relativement au crédit public, et sur les ressources de nos finances,*

(Histoire de la Session de 1816).

---

LE besoin le plus pressant que j'éprouve, en parlant de M. Fiévée, est de lui payer le tribut d'estime que m'ont inspiré les opinions politiques consignées dans les différents écrits qu'il a publiés depuis l'établissement de notre gouvernement représentatif. Ils contiennent les qualités les plus propres à éclairer l'opinion publique sur les grandes questions à l'ordre du jour, et à faire distinguer les talens et les vertus des amis de l'ordre, des perfides sophismes de leurs détracteurs; discernement aujourd'hui si nécessaire, qu'il peut être considéré comme le moyen le plus efficace d'arrêter tous les dangers qui menacent notre existence. Rien donc ne saurait être plus pénible pour nous que de trouver à critiquer dans un écrivain dont on juge l'autorité si nécessaire. C'est aussi avec une répugnance qui ne peut être vaincue, que, par un sentiment qui se rattache à l'intérêt public, que nous trouvons la force de combattre les opinions que M. Fiévée vient d'émettre sur la question du crédit public, dans sa dernière publication.

Je ne saurais m'empêcher de faire observer, avant d'entrer dans cette controverse, combien il est étrange qu'un publiciste aussi éclairé, et plusieurs autres de la même classe, se refusent à l'évidence des calculs les plus positifs, et aux exemples frappants dont ils sont les témoins. Cette remarque peut faire croire qu'il en est de l'auteur en finances, ainsi que du poëte

qui, selon Boileau, *s'il n'a reçu du ciel l'influence secrète*, etc., etc. C'est à ce défaut
d'instinct financier qu'on doit attribuer cette
manie d'établir sans cesse, à l'occasion de
chaque opération de finance du gouvernement,
des comparaisons si disparates entre la fortune
d'un État et celle d'un particulier. Cette erreur
est bien suffisante pour embrouiller toutes les
idées sur la question du crédit public, et sur
les effets des dépenses des gouvernemens. Toutes
les opinions de l'illustre Sully sur cette matière,
dont nos adversaires cherchent à fortifier leur
critique, ne sont évidemment que d'une vérité relative, et ne sauraient s'appliquer qu'à
un gouvernement florissant, dont les recettes
et les dépenses se balancent. On conçoit que,
dans une pareille situation, toute la science
financière puisse se réduire à de simples opérations de comptabilité ; mais il en est bien
autrement d'un pays où les dépenses excèdent
les recettes, où les contribuables sont épuisés,
où les anticipations ne sont plus praticables ;
enfin où les engagemens les plus impérieux
pressent de toutes parts. Quelle marche peut

suivre un Etat dans une si déplorable position,
si ce n'est d'avoir recours à l'expédient du
crédit, qui est au moins un moyen de suppléer
à un capital par le paiement d'un intérêt, chose
plus facile tant que l'autre est impossible. En
obtenant du temps, on conçoit l'espoir d'améliorer sa position, et de se procurer, par l'ac-
croissement de l'industrie, de nouvelles ressources pour faciliter le paiement de l'impôt.
Combien une seule conception heureuse ne
peut-elle pas influer sur la fortune publique !
et qui est-ce qui saurait calculer les ressources
du sol fécond d'un pays où les administrateurs
n'ont jamais exercé leur génie fiscal que sur
l'art de le grever, et où la création d'un nouvel
impôt semble ajouter un fleuron à leur cou-
ronne ?

On ne saurait prétendre, sans doute, que ce
soit s'enrichir que d'emprunter ; mais M. Fiévée ne peut s'empêcher de convenir que ce ne
soit un moyen de sortir d'embarras et d'éviter
une catastrophe, et c'est assez pour ne pas
décrier le système du crédit, ou du moins pour
n'en pas parler sans précaution. Au surplus, les

effets d'un emprunt fait par un gouvernement, sont loin d'être tels qu'il les suppose, et son erreur à cet égard prend sa source dans cet abus de comparaison dont nous avons déjà parlé. Il importe de la dévoiler, puisque cette démonstration peut suffire pour s'entendre sur le fond de la question. La différence qui existe entre les opérations de finance d'un Etat et celles d'un particulier, ne peut se faire mieux sentir que par les effets de l'emprunt. L'emprunt fait par un gouvernement met en circulation des fonds qui resteraient oisifs, et il n'est point de somme mise en activité qui ne donne naissance, dans les différents canaux qu'elle parcourt, à quelque travail, et par conséquent à un nouveau produit pour le fisc. Il en est bien autrement d'un emprunt ou des dépenses faites par un particulier ; toutes les sommes qu'il débourse n'ont d'autre résultat que d'opérer sa libération, mais n'ont aucun effet reproductif pour sa fortune. Les ressources d'un gouvernement sont encore sans comparaison, par les moyens qui sont à sa disposition pour améliorer sa fortune, soit en activant

l'industrie, soit en perfectionnant la percep-
tion ou en variant la nature de l'impôt, sa
modification même peut être une grande ressource, car ce n'est pas sa quotité qui remplit
le plus les coffres, mais la facilité avec laquelle
on le supporte ou qu'on le perçoit. Il a été
souvent éprouvé, et naguères en Angleterre,
a l'occasion de la taxe sur le thé, que la modé-
ration d'un impôt pouvait accroître immense-
ment son produit. Quelle ressource féconde
de richesses ne deviendrait pas, par exemple,
pour la France, le dégrévement de la pro-
priété foncière! On peut penser, sans se faire
illusion, que si on accordait aux propriétaires
la faculté du rachat de l'impôt territorial, en
le capitalisant seulement au denier quinze,
que le gouvernement trouverait dans cette
opération une ressource de plus de quatre
milliards, et que, peu d'années après la con-
sommation du rachat, l'augmentation des produits territoriaux résultant de l'aisance des
propriétaires, remplacerait, par la progression
de l'industrie et des consommations, la supres-
sion de l'impôt. Nous nous bornons dans ce

moment à indiquer cette grande mesure de finance, dont le développement, au surplus, est à la portée de tout le monde. Il est aisé de sentir que la libération des propriétaires, opérée par la création de cédules hypothécaires, payables en dix années, et portant cinq pour cent d'intérêt, mettrait de suite à la disposition du gouvernement les immenses capitaux résultant de cette aliénation. De cette féconde ressource qui n'a encore frappé l'attention d'aucun de nos financiers, résulterait donc non-seulement la libération de nos dettes (1), mais encore l'immense progression des produits territoriaux, la destruction de l'agiotage par l'extinction de la dette, la délivrance des campagnes du fléau des garnisaires, et de celui plus grand encore, des saisies, ventes, etc. Il est temps d'ouvrir les yeux sur les dangers qui nous environnent, et de substituer au systéme de pressurer les contribuables, celui d'augmenter leur aisance ; car si l'on ne sait pas faire marcher d'un pas égal les facultés indi-

---

(1) Sans impôt, sans emprunt, ni sans papier-monnaie.

viduelles et l'augmentation périodique de la
dette, une horrible catastrophe ne peut man-
quer d'être la conséquence de l'accumulation
de la dette. Que l'esprit de nos administrateurs
quitte un moment la Bourse, et qu'ils portent
leurs regards sur les intérêts des campagnes,
et la vérité ne tardera pas à les frapper de tout
son éclat, et alors finiront ces cruelles et
éternelles angoisses qui tourmentent notre
existence, et nous rendent un objet de dérision
aux yeux des gouvernemens dont la prospé-
rité est aussi incomparable que nos ressources.

Nous ne nous dissimulerons pas que quelques
esprits peu confiants rejetteront cette proposition, dans la crainte que le gouvernement,
pressé un jour par de nouveaux besoins, ne
porte atteinte à l'engagement solennel qu'il
aurait pris à l'égard de l'affranchissement des
terres. Cette crainte peut exister sans doute ;
mais elle ne saurait paraître mieux fondée que
celle que peuvent éprouver les capitalistes, en
plaçant leur fortune dans les emprunts publics.
Au surplus, les effets rapides de cette opération
fiscale, sur la progression de l'agriculture, et

sur des consommations, ne tarderont pas à convaincre qu'il n'est pas moins de l'intérêt du fisc que de l'honneur national, de la maintenir dans toute sa rigueur.

On peut croire encore qu'une partie du public ne verra dans le rachat de l'impôt territorial que le sacrifice d'une recette de 5oo millions; mais cette erreur doit bientôt disparaître devant les observations suivantes, ainsi que l'on pourra s'en convaincre en jetant les yeux sur le projet de budget placé à la fin de ces observations.

1.º Que le produit du rachat fournira les moyens d'éteindre 145 millions de rentes existantes, et préviendra la création de plus de cinquante encore ;

2.º Que l'aisance dans laquelle se trouvera le trésor donnera les moyens de reconquérir nos colonies et de ressusciter notre commerce ;

3.º Que l'augmentation de la valeur vénale des terres, résultant de leur affranchissement, augmentera considérablement les droits de mutation ;

4.º Que l'impôt indirect s'élèvera en proportion de l'aisance des propriétaires , et dé-. passera probablement dans un court délai les cent millions auxquels on pourrait évaluer le sacrifice de l'impôt , prélèvement fait de l'extinction de toutes les dettes , les obligations et charges de l'Etat.

Mais revenons à M. Fiévée , dont il importe que les observations ne restent pas sans réponse.

Nous conviendrons avec lui que des emprunts sont ordinairement suivis d'autres emprunts ; mais ce danger est moins l'effet de l'emprunt que des besoins extraordinaires auxquels un Etat se trouve exposé. Lorsqu'un gouvernement a recours à l'emprunt pour remédier aux embarras du moment , il est évident que si ce besoin se prolonge , il ne soit dans la nécessité d'user du même remède , et c'est de cette obligation impérieuse de contracter de nouvelles dettes , que résulte le besoin de créer un fond d'amortissement ; car on ne saurait concevoir que des emprunts successifs puissent être remplis , si on ne présentait pas aux prêteurs la perspective d'un remboursement, ou au moins le maintien du taux de l'intérêt.

Nous conviendrons encore avec lui de l'impéritie qu'il y a en général à fonder une caisse d'amortissement avec une partie considérable de ses revenus ; mais il faut avouer , pour la justification de la mesure prise par le gouvernement , d'accorder une dotation de 40 millions à la caisse , que c'était le seul moyen de suppléer aux divers amortissemens qui auraient dû être préparés d'avance pour les énormes emprunts qui avaient eu lieu jusqu'à cette époque. Ainsi on peut censurer cette disposition, sans rien préjuger sur l'effet salutaire de l'amortissement. On doit penser encore que quelque onéreuse qu'ait été cette mesure, elle a facilité le placement de l'emprunt , dont les conditions ont servi de compensation au sacrifice de ce fond d'amortissement , en supposant, par exemple , que la confiance qu'a fait naître dans l'esprit des prêteurs cette forte dotation de la caisse, ait élevé le prix des cinq pour cent consolidés à 55 au lieu de 5o, qui aurait pu s'établir sans le fond d'amortissement, il en résulte évidemment, à l'avantage du gouvernement, un bénéfice de trente millions dans le dernier emprunt.

M. Fiévée, non-seulement s'élève contre l'utilité de cette opération ; mais il réprouve le système de l'amortissement, sous quelque forme qu'on le lui présente, et il se sert de l'exemple de l'Angleterre, pour démontrer son impuissance, en citant la marche progressive de sa dette depuis la création du fond d'amortissement. Ce fait est sans doute incontestable, mais il est entièrement étranger à la question. L'augmentation des dettes d'un Etat ne préjuge rien contre la faculté absorbante d'une caisse d'amortissement. Les nouvelles dettes contractées, à quelque degré qu'elles surpassent les anciennes, devant toujours porter avec elles le principe de leur amortissement, ainsi que cela se pratique en Angleterre ; mais M. Fiévée n'ajoute aucune confiance à l'effet de l'intérêt composé, qu'il qualifie d'idéologie, quelle que soit l'efficacité dont il ait fait preuve depuis l'année 1786, époque du nouveau système du crédit adopté par M. W. Pitt. Ce fait est d'autant plus croyable, qu'il n'est que la conséquence rigoureuse de cette vérité arithmétique, qu'une annuité de un pour cent d'un capital emprunté, par exemple de 10,000 fr., plus le placement accumulé de son intérêt, amortissent dans l'espace de 37 ans une somme de 10,175 26.

Un emprunteur qui se bornerait, pour éteindre sa dette, à verser tous les ans dans les mains de son prêteur un pour cent du capital emprunté, emploierait cent ans à se libérer, parce qu'il se priverait du bénéfice de l'intérêt composé.

« Jamais le Clergé de France, dit M. Fiévée, n'aurait conçu cette absurdité inventée de nos jours, de se payer à soi-même l'intérêt de la partie de sa dette qu'on n'a pu racheter, et de regarder cela comme un bénéfice plus grand que de l'éteindre à mesure que l'on en a les moyens. » (450).

Ce n'est point se payer à soi-même que de placer une partie d'un capital emprunté, et d'en laisser cumuler l'intérêt jusqu'à ce que cette cumulation soit égale au capital emprunté.

Au reste, quel effet pourrait résulter pour le succès des emprunts, d'un amortissement qui s'exercerait d'une manière si arbitraire ? Il est sensible qu'une pareille mesure ne produirait rien sur l'esprit des prêteurs, qui, comme de raison, ne se décident à livrer leurs capitaux que d'après l'opinion favorable qu'ils attachent aux opérations d'un amortissement fondé.

« Toutes les fois que, par des économies ou par des impôts, dit encore M. Fiévée, une nation obtient une somme disponible qui excède ses besoins, et qu'elle emploie cette somme à payer une portion équivalente de ses dettes, il y a amortissement. » (451).

Ceci n'est point une objection contre le système de l'intérêt composé. Il reste à savoir s'il n'est pas préférable même pour une nation obérée qui emprunte, d'employer chaque année une centième partie du capital emprunté, pour amortir à une certaine époque sa dette, que de laisser cumuler ses emprunts indéfiniment.

« Quand vous auriez un excédent de revenu, ajoute M. Fiévée (p. 486), il ne vous serait pas permis de jouer à l'intérêt composé, et votre devoir serait d'éteindre de suite chaque partie rachetée de votre dette, de diminuer les impôts dans sa proportion, parce que l'argent laissé aux besoins de l'agriculture et de l'industrie produit, tandis que l'intérêt composé ne produit rien : l'argent lui-même n'engendre pas l'argent. »

Cette marche n'aurait sans doute rien que de plausible de la part d'un gouvernement qui n'aurait à acquitter qu'un arriéré ou une dette fixe. On sent que, dans cette situation, le jeu de l'intérêt composé serait sans motif, et ne pourrait être regardé que comme un agiotage ; mais quand de nouveaux emprunts sont commandés par les circonstances, il faut bien s'occuper de trouver des mesures qui donnent aux prêteurs l'envie de prêter. Faire abstraction des circonstances où se trouve un pays ; c'est s'exposer à ne jamais s'entendre. Nier, au surplus, la faculté qui appartient à l'argent de se reproduire ; c'est déclarer n'en avoir jamais connu le besoin : mais combien d'autres peuvent témoigner avec quelle facilité il se multiplie dans de certaines mains !

Pour conclure, M. Fiévée observe (p. 458) que, « dans un pays qui n'empruntait que pour produire , et dont l'étonnante fortune a augmenté avec les dépenses, ce système d'intérêt composé est reconnu comme ayant été inutile au crédit, et comme ayant entraîné des frais considérables. »

La réfutation de cette citation se trouve dans l'exposé des faits suivants : sous les règnes de Guillaume et Marie, de la reine Anne, de Georges I.ᵉʳ, de Georges II, etc., l'intérêt des emprunts faits par le gouvernement a presque toujours été usuraire.

Depuis 1786, époque où M. W. Pitt posa de nouvelles bases du système d'amortissement, les énormes emprunts qui ont eu lieu ont tous été placés au-dessous de cinq pour cent, et la dette domestique qui s'élevait à cette époque au-dessus de 238 millions sterling, s'est trouvée entièrement amortie en 1813 ; c'est-à-dire dans l'espace de 27 années. M. Wansittart fit la proposition au Parlement, dans la session de cette année, de déclarer que la dette qui existait en 1786 étant amortie, fut biffée ; mais elle fut rejetée, et un emprunt de 64 millions sterling fut consenti, pour faire face aux besoins extraordinaires de la guerre. Quelle preuve plus complète peut-on exiger de l'influence d'un amortissement fondé, sur l'effet de l'amortissement, le taux de l'intérêt des emprunts, et la facilité de les remplir.

Ce qui doit paraître le plus dangereux dans le recours aux emprunts, et ce qu'il vaut mieux signaler que de dissimuler, c'est d'accorder des conditions trop avantageuses aux prêteurs ; car il n'est pas douteux qu'ils deviendront la proie des spéculateurs étrangers. Rien de plus insensé donc que de se réjouir de les voir concourir avec nos capitalistes, ainsi que nous en avons été les témoins, à accaparer nos rentes à cinq pour cent au-dessous du cours, à moins qu'on ne se flatte que, par un sentiment de reconnaissance, ils ne veuillent convertir leurs profits en propriétés de notre sol. Sans ce trait de dévouement, il est aisé d'apercevoir quel en doit être le résultat pour notre numéraire. Au surplus, nos financiers paraissent peu effrayés de cette circonstance ; semblables au paysan d'Horace, ils attendent paisiblement l'écoulement du ruisseau.

Nos économistes agioteurs se rassurent, par la persuasion où ils sont que la balance de nos échanges ordinaires peut nous être assez favorable pour laisser à notre disposition une quantité de produits suffisante pour ramener dans notre circulation les capitaux exportés : sécurité bien fausse apparemment, puisqu'à l'époque où les produits de Saint-Domingue entraient pour une somme de 70 millions dans le chapitre de nos exportations, M. Neker n'a jamais évalué qu'à la somme de 40 millions en notre faveur la balance de nos échanges.

L'état actuel des changes avec la plupart des places de l'Europe peut fixer nos idées sur la situation dans laquelle nous nous trouvons aujourd'hui à cet égard. Celui avec l'Angleterre, qui règle presque tous les autres, est depuis plusieurs mois stationnaire, presque au pair, malgré que l'on puisse porter au moins à cent millions les sommes que les Anglais versent dans notre circulation pour leurs dépenses individuelles. Où en serait donc notre change si nous n'avions pour nous que la balance de notre commerce.

## *Projet de budget, après le rachat de l'impôt territorial.*

### Suivant le budget de 1816.

|  | |
|---|---|
| Enregistrement et domaines. . . . . . . . . . | 150,000,000 |
| Bois . . . . . . . . . . . . . . . . . . . . . | 20,000,000 |
| Sels . . . . . . . . . . . . . . . . . . . . . | 35,000,000 |
| Postes . . . . . . . . . . . . . . . . . . . . | 14,000,000 |
| Loterie. . . . . . . . . . . . . . . . . . . . | 7,000,000 |
| Recettes diverses et accidentelles . . . . . . | 6,000,000 |
| Patentes réduites à. . . . . . . . . . . . . . | 10,000,000 |
| Douanes réduites à. . , . . . . . . . . . . . | 30,000,000 |
| Salines de l'Est . . . . . . . . . . . . . . . | 2,000,000 |
| Cautionnemens, 8,000,000 pour mémoire. | |
| Poudres et salpêtres . . . . . . . . . . . . . | 500,000 |

*Impôts conservés.*

## En remplacement des droits réunis.

Impôt facultatif perçu à raison de cinq pour cent sur le produit de la vente des marchands détaillants, les boulangers seuls exceptés, classés par corporations. . . . . . . . . . . . . . . . . . . . . . . . . 200,000,000

Impôt sur les maisons au-dessus du prix de 500 fr. . . 30,000,000

Abonnemens avec les propriétaires de vignobles, pour la partie de vins qu'ils sont tenus de déclarer ne pas vouloir vendre aux détaillants. . . . . . . . . . . . 3,000,000

507,500,000

On obtiendrait la recette ci-dessus, malgré la suppression de l'impôt territorial en totalité, une partie de celui des douanes et des patentes, des contributions mobiliaires et personnelles, et l'abandon des treize millions retenus sur les traitemens annuels, ainsi que celui des dix millions faits par le Roi sur la liste civile.

La dépense ordinaire se trouvant réduite, par l'opération du rachat de l'impôt territorial, d'une somme de

145 millions pour l'intérêt de la dette.

D'une autre de

40 millions pour le fond de la caisse d'amortissement.

Et de celle de

14 millions pour les frais de négociation;

Il est sensible que la recette du budget proposé se trouverait suffisante pour faire face aux besoins de l'Etat, en supposant même qu'aucune des branches de l'administration ne subirait les réformes qu'on doit espérer de la sagesse du gouvernement.

Quoiqu'on ait évalué par approximation

l'impôt facultatif à seulement 200 millions, on peut le présumer d'un produit plus considérable. A l'avantage de s'élever au niveau des facultés individuelles, il réunit celui d'être exempt des formes odieuses des contributions indirectes, et de délivrer les terres et le commerce du monopole du tabac, et de toutes les extorsions fiscales.